Le Canada vu de près

DINOSAURES

Chelsea Donaldson
Illustrations de John Bindon
Texte français de Claudine Azoulay

Éditions
SCHOLASTIC

L'éditeur a fait tout en son pouvoir pour trouver le détenteur du copyright de toute photographie utilisée dans ce livre et serait heureux qu'on lui signale toute erreur ou toute omission.

Crédits pour les illustrations et les photos :
PHOTOS : p. 3 : © Peabody Museum of Natural History, Yale University, New Haven, Connecticut, É.-U.; p. 11, 23 (encadré au centre), 25, 26, 36 : Photos : Gracieuseté du Royal Tyrrell Museum, Drumheller, Alberta; p. 20, 21 : Photo de Jim Page/Gracieuseté du North Carolina Museum of Natural Sciences; p. 23 (en haut, à droite) : Stephen Ausmus/United States Dept. of Agriculture (USDA), Agricultural Research Service; p 23 (en haut, à gauche) : Carla Stanley/United States Fish and Wildlife Service (USFWS); p. 24 : Image n°17808/American Museum of Natural History Library; p. 35 : © Charles Helm; p. 41 : Utilisée avec la permission de la University of California Museum of Paleontology (UCMP)/Photo de David K. Smith.
ILLUSTRATIONS (toutes) : © John D. Bindon, 2009.

Mis au point et produit par Focus Strategic Communications Inc.
Conception graphique et mise en page : Valentino Sanna
Illustrations : John Bindon
Recherche de photos : Elizabeth Kelly

Un merci tout particulier à Hall Train, de Hall Train Studios, pour son expertise.

Catalogage avant publication de Bibliothèque et Archives Canada
Donaldson, Chelsea, 1959–
Dinosaures / Chelsea Donaldson ; illustrations de John Bindon ; texte français de Claudine Azoulay.
(Le Canada vu de près)
Traduction de: Dinosaurs.
ISBN 978-0-545-98973-2
1. Dinosaures—Canada—Ouvrages pour la jeunesse.
I. Bindon, John II. Azoulay, Claudine III. Titre. IV. Collection: Canada vu de près
QE861.5.D6814 2009   j567.90971   C2009-901996-5

Édition publiée par les Éditions Scholastic, 604, rue King Ouest, Toronto (Ontario) M5V 1E1

5 4 3 2 1   Imprimé au Canada   09 10 11 12 13

Sources Mixtes
Groupe de produits issu de forêts bien
gérées et d'autres sources contrôlées.
www.fsc.org Cert no. SGS-COC-003098
© 1996 Forest Stewardship Council
FSC

Table des matières

Dinosaures du Canada

* Pôle Nord

Alaska

CANADA

États-Unis

● Dinosaures du Canada — Sites de fouilles

■ Canada

□ États-Unis

Bienvenue au Canada préhistorique!

Pendant quelque 200 millions d'années, les dinosaures ont compté parmi les créatures les plus grosses et les plus féroces vivant sur Terre. Puis, il y a environ 65 millions d'années, ils ont disparu. Que s'est-il passé? Personne ne le sait exactement.

Nous savons que des dinosaures ont déjà vécu sur Terre parce que nous avons découvert leurs ossements. Au fil du temps, des minéraux ont rempli les os, qui sont alors devenus comme de la roche. Ces « roches » s'appellent des fossiles. Les fossiles peuvent aussi provenir d'empreintes laissées dans le sol par différentes choses, comme des traces de pas, de la peau ou des excréments.

Bien que les dinosaures aient vécu dans le monde entier, certains lieux sont plus propices à la découverte de fossiles. Au Canada, l'Alberta possède la plus grande quantité d'os de dinosaures. En fait, c'est l'un des meilleurs endroits au monde pour chasser les dinosaures! On a aussi trouvé des restes de dinosaures en Colombie-Britannique, en Nouvelle-Écosse, au Nunavut et en Saskatchewan.

Partons à la découverte des terribles dinosaures du Canada!

Chapitre 1

Anchisaurus

Les premiers fossiles de dinosaures découverts en Amérique du Nord ont été ceux d'Anchisaurus. En 1818, nous ne connaissions pas l'existence des dinosaures. Nous avons donc pensé que ces os étranges provenaient d'un humain ancien.

Comment pouvions-nous prendre un dinosaure pour un humain? Eh bien, d'une part, les os étaient très vieux et brisés. D'autre part, l'Anchisaurus n'avait la taille que d'un petit poney ou d'un humain très grand.

En outre, si nous ne savions pas que les dinosaures avaient existé, comment pouvions-nous imaginer de telles créatures?

Depuis lors, nous en avons appris davantage sur l'Anchisaurus. Par exemple, nous savons que c'était l'un des plus anciens dinosaures. Il vivait il y a 195 millions d'années.

À cette époque, la Terre n'était qu'un seul continent géant. Par la suite, elle s'est fractionnée et les morceaux ont dérivé pour former les continents que l'on connaît aujourd'hui. Cela explique qu'on ait trouvé des fossiles d'Anchisaurus dans des lieux aussi distants l'un de l'autre que la Nouvelle-Écosse et l'Afrique du Sud. Auparavant, ces deux endroits se trouvaient l'un à côté de l'autre.

Os d'Anchisaurus

Nous savons aussi que l'Anchisaurus était probablement l'un des premiers *prosauropodes*. Les prosauropodes étaient des dinosaures mangeurs de plantes, pourvus d'un long cou, d'une petite tête, de membres avant courts et d'une très grosse griffe au pouce. L'Anchisaurus était l'un des plus petits de ce groupe.

Les dents de l'Anchisaurus étaient petites et leur forme en cuillère était bien adaptée pour déchirer les plantes. Ce dinosaure avait un gros estomac lui permettant de digérer une végétation dure et filandreuse. Il mangeait peut-être aussi de la viande, mais nous n'en sommes pas certains.

La plupart du temps, l'Anchisaurus devait se déplacer lentement à quatre pattes, en gardant la tête près du sol. Mais la menace d'un danger suffisait probablement à le faire dresser sur ses pattes arrière et à courir. Rien de tel qu'avoir un lézard géant mangeur de viande à vos trousses pour vous faire courir à toutes jambes.

Chapitre 2

Tyrannosaurus Rex

BOUM... BOUM... BOUM...

Entends-tu le bruit pétrifiant des pas de ce dinosaure colossal? Attention... c'est le Tyrannosaurus Rex!

Le T. Rex n'est pas le plus grand dinosaure jamais découvert, mais c'est certainement l'un des plus célèbres... et le plus terrifiant! En fait, son nom signifie « roi des lézards tyrans ».

Sa tête était à peu près aussi grosse que toi! Il possédait aussi 60 dents pointues et acérées, chacune d'elles presque aussi grande que cette page. Ces dents étaient plantées dans une mâchoire articulée, capable de s'ouvrir *très* grande... tellement grande qu'un humain adulte aurait pu aisément se glisser dans sa gorge! (Heureusement, aucun humain ne vivait sur la Terre quand le T. Rex y régnait.)

Sa mâchoire et les muscles de son cou étaient
tellement puissants qu'il aurait pu saisir une
vache... s'il avait pu en trouver une! Il n'avait
aucune difficulté à broyer les os.

Comme pour la plupart des dinosaures, nous
ignorons encore beaucoup de choses sur le
Tyrannosaure Rex. D'abord, comment trouvait-il
sa nourriture? Certains scientifiques pensent que
c'était un chasseur. Son cou et ses mâchoires
puissantes capables de bien agripper un animal
qui se débattait sont des indices. Mais d'autres
suggèrent que le T. Rex était un charognard. Les
charognards mangent les restes des proies
attrapées par d'autres animaux.

Les deux groupes ont peut-être raison. Il se pourrait que ces créatures géantes aient à la fois chassé *et* mangé les charognes, profitant de la nourriture par tous les moyens possibles.

De même, nous savons peu de choses sur les jeunes Tyrannosaurus Rex. Jusqu'à présent, on n'a découvert que quelques fossiles de bébés T. Rex. L'un d'eux provenait d'un dinosaure âgé d'environ deux ans à sa mort et à peu près de la taille d'un gros chien. La forme de ses dents permettait de mordre dans la chair. Il est probable que le jeune T. Rex chassait lui-même ses proies. Il était très bien adapté pour la chasse… car il était petit et rapide, et avait déjà une bonne mâchoire!

Chapitre 3

Parasaurolophus

Le Parasaurolophus est l'un des dinosaures à l'aspect le plus bizarre qui soit. Quelle est cette longue excroissance qui dépasse à l'arrière de sa tête? Ça ressemble un peu à une trompe d'éléphant placée à l'envers.

Le Parasaurolophus appartient à un groupe de dinosaures dits « à bec de canard ». De nombreux dinosaures à bec de canard ont une tête bizarre, dotée d'une crête osseuse de forme et de taille variées. Aucun d'eux, toutefois, n'avait une crête aussi grosse que celle-là.

Les dinosaures à bec de canard formaient
l'un des derniers groupes de dinosaures à être
apparus sur Terre, il y a environ 100 millions
d'années. Ils doivent leur appellation à leur
bouche plate et dure, dépourvue de dents à
l'avant, un peu comme un bec de canard.

Le bec du Parasaurolophus servait de
cisailles et permettait de couper les tiges dures
des plantes. Ensuite, des dents d'une forme
spéciale, situées sur les côtés de la bouche,
broyaient et hachaient la nourriture dure et
filandreuse.

Voilà l'explication pour le bec.

Mais cette crête sur la tête, à quoi servait-elle? Pendant de nombreuses années, les scientifiques ne le savaient pas vraiment. Ils se demandaient si cette excroissance longue et osseuse était conçue comme un tuba, pour respirer sous l'eau. D'autres supposaient que cette longue corne aidait le dinosaure à sentir. Un bon sens de l'odorat l'aurait prévenu de la présence de prédateurs.

Aujourd'hui, certains chercheurs croient que la crête servait d'instrument musical. Le dinosaure pouvait souffler dans les tubes creux et émettre un cri pour s'accoupler ou avertir les autres dinosaures d'un danger.

Un groupe de chercheurs a même réussi à reproduire le son possiblement émis par un Parasaurolophus. Selon eux, le bruit aurait pu ressembler un peu à celui d'un trombone ou peut-être d'une corne de brume. D'une manière ou d'une autre, les forêts préhistoriques devaient être très bruyantes!

Chapitre 4

Lambeosaurus

Voici une autre créature ayant une tête bizarre. On dirait qu'elle a une hachette enfouie sous la peau! Si tu as deviné qu'il s'agit d'un autre dinosaure à bec de canard, comme le Parasaurolophus, tu as raison.

Le Lambeosaurus doit son nom à Lawrence Lambe, un célèbre chercheur de dinosaures canadien. En 1898, il a trouvé la première preuve de l'existence de ces dinosaures, à un endroit appelé Berry Creek, en Alberta. Les dinosaures à bec de canard comme le Lambeosaurus comptent parmi les types de fossiles de dinosaures le plus souvent découverts au Canada.

Le Lambeosaurus est le plus grand dinosaure
à bec de canard découvert à ce jour. Du bec
à la queue, il faisait environ 15 mètres, soit la
largeur d'un terrain de basket-ball. Il marchait
sur deux pattes et pouvait aussi se déplacer à
quatre pattes pour atteindre les plantes basses.
Malgré sa taille importante, le Lambeosaurus
était probablement un coureur rapide. Il fallait
qu'il le soit... pour rester hors d'atteinte des
prédateurs tels que le T. Rex!

Les Lambeosaurus se protégeaient aussi en restant en groupe. De grands troupeaux de ces géants paissaient ensemble, comme le font les moutons ou les cerfs aujourd'hui. Si un prédateur était en vue, ils avertissaient leurs voisins en beuglant, en cacardant ou en bêlant.

Le Lambeosaurus se servait sans doute aussi de son cri, en plus de sa crête, pour attirer une partenaire. Selon certains chercheurs, cette crête aurait été recouverte d'une peau de couleur vive, comme celle d'un coq.

Nous savons peu de choses sur la façon dont le
Lambeosaurus s'occupait de ses petits, mais nous
avons quelques indices venant d'un autre genre
de dinosaure à bec de canard, le Maiasaurus. Les
Maiasaurus construisaient une grande quantité de
nids dans un même secteur. Ils pouvaient ainsi se
relayer pour protéger les œufs et les recouvrir de
plantes pour les maintenir au chaud. Les adultes
continuaient peut-être à surveiller les bébés après
l'éclosion. Imagine… une garderie de dinosaures à
bec de canard!

Le Lambeosaurus et les autres dinosaures à bec
de canard agissaient-ils ainsi? C'est tout à fait
possible, mais nous n'en sommes pas sûrs.

Chapitre 5

Thescelosaurus

Le nom complet de ce mangeur de plantes est *Thescelosaurus neglectus*, ce qui signifie « reptile merveilleux, oublié ou négligé ». Il porte ce nom parce que les premiers fossiles de ce dinosaure ont dormi dans une caisse pendant plus de 20 ans après leur découverte. D'ailleurs, les chercheurs ne lui ont pas donné de nom avant 1913.

Depuis, on a trouvé des restes de Thescelosaurus en Saskatchewan, en Alberta et dans plusieurs endroits des États-Unis.

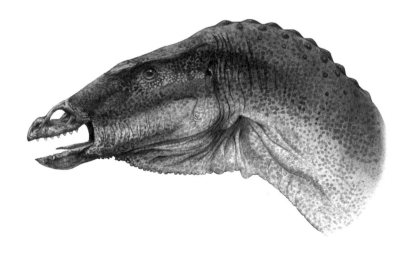

Le Thescelosaurus était un dinosaure de taille moyenne, d'environ 4 mètres de long. Il faisait moins de 1 mètre de haut et était couvert d'écailles rondes de différentes grosseurs sur tout le corps. Il avait un petit bec dur et des dents de chaque côté de la bouche pour broyer les plantes et les feuilles.

Cœur fossilisé ⟶

Squelette de Thescelosaurus

Le Thescelosaurus est peut-être tombé dans l'oubli au départ, mais aujourd'hui, toute l'attention est tournée vers lui. En 1993, des chercheurs ont mis au jour un squelette bien conservé de Thescelosaurus en Amérique du Nord. À l'intérieur de sa cage thoracique, ils ont trouvé une roche dure. Certains experts croient qu'il s'agit d'un cœur fossilisé!

Si c'est le cas, ce serait le premier cœur de dinosaure jamais découvert. En général, les parties molles d'un corps, comme le cœur, les poumons et la peau, disparaissent avec le temps; il ne reste que les parties dures, comme les os.

Ce squelette est si important qu'on lui a même donné un surnom : Willo. Son « cœur » a été analysé par des médecins, des spécialistes des fossiles et beaucoup d'autres personnes. Ils ont été surpris de découvrir qu'il ressemblait plus à un cœur d'humain ou d'oiseau qu'à celui d'un lézard. Si tel est le cas, cela nous obligerait à réexaminer un grand nombre de choses que nous pensions savoir au sujet des dinosaures.

Plutôt étonnant de la part d'un lézard oublié, de taille moyenne!

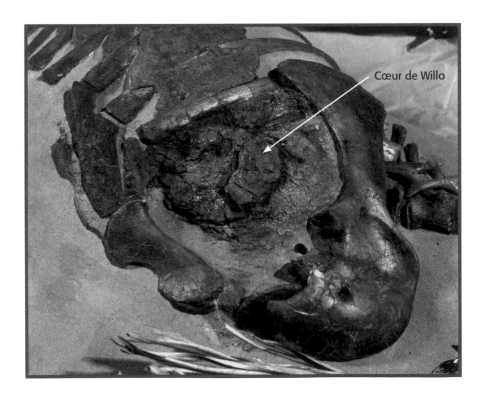

Cœur de Willo

Chapitre 6

Dromaeosaurus

Voici une information qui risque de te surprendre :
les dinosaures n'ont jamais complètement disparu.
En réalité, tu vois sans doute de véritables
descendants des dinosaures quasiment chaque
jour. Il n'y a qu'à penser au moineau posé sur
le rebord de ta fenêtre… ou bien au poulet que
tu as mangé au souper hier soir… ou encore à
l'autruche que tu as vue au zoo. Tous ces oiseaux
sont des cousins modernes des dinosaures.

Le Dromaeosaurus partage des caractéristiques avec certains oiseaux actuels, comme le poulet ou le moineau. Il était à peu près de la taille d'un loup, ce qui est grand pour un oiseau, mais petit pour un dinosaure. Certains de ses os étaient creux, comme ceux d'un oiseau. Il était probablement couvert de plumes. Toutefois, les plumes ne sont pas conservées dans les fossiles, alors nous ne le savons pas vraiment.

Et même si le Dromaeosaurus *avait* effectivement des plumes, il ne volait probablement pas. Ses plumes servaient sans doute à le tenir au chaud.

Les premiers fossiles de dromaeosaures ont été
découverts près de la rivière Red Deer, en Alberta.
C'est un chasseur de fossiles, Barnum Brown,
qui les a déterrés. Lui et son ami, William Diller
Matthew, ont nommé le fossile *Dromaeosaurus
albertensis*, ce qui signifie « lézard coureur de
l'Alberta ». Depuis, on a découvert des fossiles
semblables au Dromaeosaurus dans d'autres
endroits. Un groupe de scientifiques les a tous
regroupés sous l'appellation de dromaeosaures.

Les dromaeosaures étaient sans aucun doute des
mangeurs de viande. Ils possédaient de puissantes
dents pointues, capables de déchiqueter aisément
la chair. De plus, leurs membres avant étaient
pourvus de griffes acérées.

Sur leurs pattes arrière se trouvaient des griffes « en faucille », placées à la verticale. Ces dinosaures se servaient probablement de leurs griffes pour éventrer leur proie.

Ils avaient aussi des muscles spéciaux aux pattes leur permettant de donner de méchants coups de pied. Leurs os légers et leur petite taille en faisaient des dinosaures rapides, très rapides même. Par conséquent, ils attrapaient leurs proies avec facilité.

Qui aurait pu penser que poussins et mésanges avaient des ancêtres aussi terrifiants?

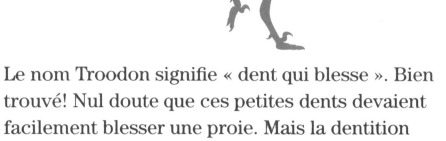

Chapitre 7

Troodon

Le nom Troodon signifie « dent qui blesse ». Bien trouvé! Nul doute que ces petites dents devaient facilement blesser une proie. Mais la dentition n'est pas la caractéristique la plus intéressante de ce féroce prédateur.

Pas plus que cette griffe en faucille à l'aspect terrifiant qui orne son pied. Comme son cousin le Dromaeosaurus, il utilisait cette griffe pour lacérer la peau des autres animaux.

Le Troodon étant petit et léger comme d'autres dinosaures du genre raptor, il pouvait courir très vite et changer de direction facilement.
Il possédait des membres avant longs, capables de s'étendre et de saisir les objets. Il avait peut-être des plumes (même s'il ne pouvait pas voler).

Mais quelque chose d'autre rend le Troodon bien particulier : son cerveau.

Par rapport à sa taille, le Troodon avait un cerveau beaucoup plus gros que n'importe quel autre dinosaure. Cette caractéristique faisait sans doute de lui le dinosaure le plus intelligent de tous... un atout redoutable pour les petits animaux – grenouilles, lézards et peut-être oiseaux – dont il faisait ses proies.

L'intelligence aurait permis au Troodon de mettre au point une nouvelle manière de chasser. En plus de pourchasser individuellement les petites proies, le Troodon aurait aussi chassé en meute, comme le font les loups ou les coyotes afin de capturer des proies beaucoup plus grosses, comme de jeunes Parasaurolophus.

Même le dinosaure le plus intelligent était loin de l'être autant que les humains, ou même que la plupart des animaux actuels. Mais à l'époque, le Troodon était un petit malin!

Le Troodon a peut-être été un prédateur terrifiant, mais c'était aussi un parent attentionné. On a découvert plusieurs nids de Troodon, dont certains renfermaient plus de 20 œufs, chacun à peu près de la grosseur d'un melon. Selon les scientifiques, un groupe de femelles partageaient probablement le même nid. Les mâles participaient peut-être aussi aux tâches familiales. Nul doute que les mamans devaient être fatiguées après avoir pondu tous ces œufs géants!

Chapitre 8

Ornithomimus

En 1890, le chasseur de fossiles, Othniel Marsh, a analysé quelques petits os provenant d'un nouveau genre de dinosaure. Il a remarqué que l'os du pied ressemblait un peu à celui d'un oiseau des temps modernes. Il a nommé la créature Ornithomimus, ce qui signifie « qui imite un oiseau ».

L'appellation s'est révélée tout à fait justifiée. Par la suite, des chercheurs ont découvert un squelette presque complet d'Ornithomimus en Alberta, et ce dinosaure ressemblait beaucoup à un oiseau. On aurait dit une autruche dotée de bras!

En fait, les autruches n'ont aucun lien de parenté avec l'Ornithomimus, mais elles ont beaucoup de caractéristiques en commun avec lui. Ils ont tous les deux un cou long et fin, une tête mince, de grands yeux et un bec dépourvu de dents. Regarde ces pattes longues et grêles. Elles semblent parfaites pour courir, n'est-ce pas?

Bien entendu, il existe aussi des différences. L'Ornithomimus possédait des mains fortes, qu'il pourrait avoir utilisées pour tirer sur les branches. Il avait aussi une longue queue, assurant l'équilibre de son corps.

Tu te souviens que nous avons dit que
ces pattes semblaient parfaites pour courir?
Eh bien, elles l'étaient. L'Ornithomimus était
probablement l'un des dinosaures les plus
rapides de tous, ce qui devait s'avérer bien utile
lorsque le T. Rex passait par là.

Quand il courait, l'Ornithomimus étirait sans
doute le cou vers l'avant, en forme de S, comme
le fait l'autruche. Les experts disent qu'il était au
moins aussi rapide qu'une autruche, laquelle peut
atteindre une vitesse de 80 km/h!

Il subsiste quelques mystères à propos de l'Ornithomimus. Par exemple, avait-il des écailles ou des plumes? Nombre de spécialistes des dinosaures pensent que l'Ornithomimus était en fait recouvert d'une couche mince et duveteuse de poils fins, semblable au duvet d'un poussin.

Les scientifiques aimeraient aussi savoir en quoi consistait le repas d'un Ornithomimus. Certains croient que son régime n'incluait que des plantes. Mais de nombreux experts s'accordent pour dire que l'Ornithomimus mangeait absolument n'importe quoi : plantes, racines et graines, aussi bien que petites grenouilles, vers de terre et insectes. MIAM!

Chapitre 9

Ankylosaurus

Ce ne sont pas toujours les experts qui font des découvertes de dinosaures intéressantes. Parfois, des gens ordinaires tombent sur des fossiles de taille et ont suffisamment d'imagination pour reconnaître ce qu'ils ont découvert.

C'est ce qu'il s'est passé à l'été 2000, près de Tumbler Ridge, en Colombie-Britannique. Mark Turner, 11 ans, et Daniel Helm, 9 ans, descendaient un ruisseau quand ils ont remarqué des entailles sur les rochers, le long du rivage. En y regardant de plus près, ils ont su immédiatement ce qu'ils avaient trouvé : des traces de dinosaure!

Mark et Daniel ont saupoudré les traces avec de la poudre blanche pour les voir plus nettement. Ils ont demandé à un expert en fossiles d'examiner ces marques étranges. Mark et Daniel avaient raison : les empreintes provenaient d'un **Ankylosaurus** ou dinosaure cuirassé.

Jusqu'à présent, personne n'a trouvé un squelette fossilisé complet d'Ankylosaurus. Nous savons toutefois que c'était l'un des plus gros dinosaures cuirassés. De la tête à la queue, il était couvert de plaques osseuses et de piquants. Il ressemblait à un char de combat préhistorique. Même ses paupières étaient cuirassées!

L'Ankylosaurus pesait jusqu'à 4 tonnes et il était sans doute aussi large et long qu'un gros éléphant, la trompe allongée. Par contre, il était beaucoup plus petit qu'un éléphant puisqu'il ne faisait qu'environ 1,5 mètre de haut. C'est suffisamment petit pour que, si tu en avais rencontré un, tu aies pu monter dessus pour une promenade… si tu avais osé!

Et il aurait fallu te méfier de la massue de sa
queue, une bosse osseuse, à peu près de la taille
d'un ballon de plage. Un coup de cette massue
suffisait à briser la patte d'un Tyrannosaurus.
Alors, imagine ce qu'il aurait pu faire à un
passager indésirable.

En règle générale, toutefois, l'Ankylosaurus
voulait sans doute qu'on le laisse tranquille,
passant son temps à mâcher feuilles et plantes.
Il utilisait probablement sa massue pour faire
tomber les fruits des arbres… ou quand il avait
besoin de se défendre.

Ce qui ne devait pas arriver souvent puisque
le seul moyen, pour un prédateur, d'accéder à
une partie sans cuirasse de son corps était de le
retourner, son ventre étant sans protection. Mais
l'Ankylosaurus était si large et si près du sol
que même les géants comme les Tyrannosaurus
n'auraient pas été capables de le retourner!

Chapitre 10

Triceratops

L'un des derniers groupes de dinosaures à être apparus sur Terre était celui des *cératopsiens* ou dinosaures cornus. Ces gros mangeurs de plantes, à l'allure robuste, ont parcouru les bois et les marécages de la Saskatchewan et de l'Alberta pendant des millions d'années. Il existait de nombreux genres de dinosaures cornus. Le tout dernier à être apparu était aussi le plus gros…

le TRICERATOPS!

La plupart des cératopsiens présentaient deux caractéristiques faciles à remarquer. La première était leurs cornes. Les Triceratops étaient pourvus de deux cornes au-dessus des yeux, aussi longues qu'un bâton de hockey, et d'une autre sur le nez.

La deuxième caractéristique des cératopsiens était la collerette autour de leur cou. Elle ressemblait aux épaulettes des joueurs de football. Chez la plupart des cératopsiens, la collerette était en réalité trop fragile pour servir de moyen de défense, mais celle du Triceratops était en os plein. La vue de cet immense bouclier et de ces cornes suffisait sans doute à effrayer la plupart des prédateurs.

Nous ne savons pas vraiment à quoi ressemblait
la collerette quand elle était recouverte de peau.
Peut-être était-elle de couleur vive pour attirer
un ou une partenaire. Il est possible aussi qu'elle
ait changé de couleur selon l'humeur de l'animal.
Certains lézards actuels changent ainsi de couleur.

On a découvert des groupes d'os de Triceratops
dans un même secteur. Les membres d'une
famille restaient peut-être ensemble. Ou
peut-être les Triceratops migraient-ils en
groupe. Il se peut aussi que ces animaux aient
vécu solitaires, et les os se seraient alors
déplacés tous ensemble au fil du temps.

Les scientifiques ont d'abord cru qu'il existait de nombreux genres de Triceratops, chacun d'eux étant pourvu d'une collerette et de cornes un peu différentes. Petit à petit, ils se sont rendu compte qu'il n'existait en réalité que quelques espèces. La plupart des différences étaient liées à l'âge des Triceratops au moment de leur mort.

Un crâne de jeune Triceratops avait un aspect assez différent de celui de ses parents. D'une part, ses cornes poussaient sous forme de petites bosses et n'atteignaient leur pleine

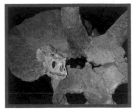

Crânes de Triceratops (bébé et adulte)

longueur qu'à l'âge adulte. D'autre part, la forme de sa face était différente et sa collerette était beaucoup plus petite. Tu comprends pourquoi les scientifiques pouvaient être perplexes.

Fiche dinos

Voilà, tu as appris plein de choses sur 10 des nombreux dinosaures du Canada. Lequel est ton préféré? Le tableau ci-dessous te permettra de vérifier certaines informations importantes sur chacun de ces dinosaures et de les comparer entre eux.

Nom	Genre	Où au Canada?
Dromaeosaurus	Raptor	Alberta
Troodon	Raptor	Alberta
Anchisaurus	Prosauropode	Nouvelle-Écosse
Thescelosaurus	À pieds d'oiseau	Alberta, Saskatchewan
Ornithomimus	Autruche	Alberta
Ankylosaurus	Cuirassé	Alberta, Colombie-Britannique
Triceratops	Cornu	Alberta, Saskatchewan
Parasaurolophus	À bec de canard	Alberta
Tyrannosaurus Rex	Tyrannosaure	Alberta, Saskatchewan
Lambeosaurus	À bec de canard	Alberta, Nunavut

Taille	Poids	Régime alimentaire
1,7 m	25 kg	Viande
2 m	25 kg	Viande
2,5 m	35 kg	Plantes
3,5-4 m	300 kg	Plantes
4-6 m	130-160 kg	Viande et plantes
7-10 m	3-4 tonnes	Plantes
9 m	5-8 tonnes	Plantes
12 m	3 tonnes	Plantes
12 m	6 tonnes	Viande
9-15 m	5-6 tonnes	Plantes

Les derniers grands dinosaures ont disparu d'une manière tout à fait soudaine il y a environ 65 millions d'années. Qu'est-ce qui aurait pu tuer un aussi grand nombre d'animaux en un laps de temps aussi court? Certains scientifiques pensent qu'un fragment de roche géant, venu de l'espace, a heurté la Terre. Il aurait provoqué un nuage de poussière qui aurait empêché le soleil de passer. Sans lumière, rien n'aurait pu pousser et les dinosaures seraient morts de faim.

Maintenant que tu es sur le point de devenir un expert en dinosaures, tu seras peut-être un jour celui ou celle qui découvrira ce qui leur est arrivé!

Grands ou petits, à écailles ou à plumes, les dinosaures du Canada ne demandent qu'à être découverts!